داستانها با مجید خدابنده

Few Story For You All

انقلاب هزارساله
از
مجید خدابنده
سال
میلادی ویا 1395 هجری اسلامی 2016

Magic Mason

Copyright © 2024 by Magic Mason

All rights reserved. This book or any of its portion may not be reproduced or transmitted in any means, electronic or mechanical, including recording, photocopying, or by any information storage and retrieval system, without the prior written permission of the copyright holder except in the case of brief quotations embodied in critical reviews and other noncommercial uses permitted by copyright law.

Printed in the United States of America
Library of Congress Control Number: 2024924492
ISBN: Softcover 979-8-89518-526-1
       e-Book 979-8-89518-528-5
       Hardback 979-8-89518-527-8
Published by: WP Lighthouse
Publication Date: 11/20/2024

To buy a copy of this book, please contact:
WP Lighthouse
Phone: +1-888-668-2459
support@wplighthouse.com
wplighthouse.com

انقلاب هزارساله

از

مجید خدابنده

سال

میلادی ویا 1395 هجری اسلامی 2016

Magic Mason

چند تا داستان واقعی که منجر به انقلاب میشه وهزارسال دیگه دنیا میچرخه.

- داستان من چیه و اسم ما چیه؟

اسم من مجید خدابنده است تاریخ تولدم سال 1960 میلادی ماه اپریل روز 21 است که به سال شمسی اول اردیبهشت سال 1339 میشه. تو خانواده فقیری بدنیا امدم در شهر تهران کشور ایران. مدرسه ابتدایی و راهنمایی و دبیرستان را در نزدیکی خونه رفتم و همان سال دیپلم به دانشگاه قبول شدم و انقلاب سال 1979 میلادی شد در ایران و ملا به حکومت رسید. و یک سال دانشگاه بودم که ملاها دستور داد دانشگاها را ببندن. و من رفتم سر کار ساختمان سازی و جنگ بین ایران و عراق شروع شد. به فکرم افتاد که از کشور خارج بشم و به درسم برسم. پول نداشتم و فکرم رسید که معافی کر و لالی بگیرم بعد از دو سال تلاش معافی گرفتم. و توانستم ویزای المان را بگیرم و ماشین غراضه ای داشتم فرختم و با پولش بلیت هواپیما خریدم و 400 مارک نقد به هامبورگ المان مهاجرت کردم و 400 مارک پول یک هفته هتل بود.

-

- نه زبان بلد بودم نه پولی ولی روفو گری فرش را قبل از انکه برم از ایران یاد گرفتم و سریع تو هتل که بودم کارگر احتیاج داشتن فرشفرشها و همان روز دوم کار با ایرانیان فرشفروش داشتم. 4 سال کار و ویزای هفتگی با وکیل میگرفتم و مقداری پسنداز و زبان المانی یاد گرفتن ویزای یک ساله المان گرفتم و رفتم سفارت امریکا و ویزای توریستی گرفتم و وارد واشنگتن شدم. سال 1989میلادی بود که به امریکا امدم و الان 27 ساله تو امریکا هستم زن داشتم و طلاق دادم. این داستانها را که نوشتم از تجربه و دنیا دیدهگی ام است و من به هیچ کسی دیئنی ندارم و حتی از زبان مادریم استفاده نمی کنم که مدیون مادرم بوده باشم.

- موسی کی بود؟

حضرت موسی موقعی بدنیا امد که فرعون پادشاه زمانه خواب دیده بود پسری بدنیا میاد و جای او را میگره . بخاطر این خواب فرعون اون دستور داد همه بچه های پسررا بکشن. مادری پسرش را تو سبدی گذاشت و نزدیک کاخ روی رودخانه رها کرد. یکی از زنهای فرعون سبد را دید و بچه را گرفت. اون اسم بچه را موسی گذاشت که معنی روی اب میده. موسی را مثل دخترها پوشیدن که سربازها پسر را نکشند. اخلاق دخترانه و چارمینگ موسی باعث این شد که با خوشگل ترین دخترها بازی کنه و از برادر ناتنی خودش رمزی هم قدرت بیشتری بگیره.تاانکه زنه که موسی را میدانست بچه فرعون نیست به موسی گفت که مادرش هبروهه یا جعود است و فقیره و موسی معماری و مهندسی یاد گرفته بود و با بردها ساختمان میساخت. که مادرش از دور میدید و یه بار مادرش نزدیک بود زیر سنگ ساختمان بره که سنگ تراش جاشوا مادر اصلی موسی را نجات داد و موسی دید. و بردها به موسی با شماره پیقام میدادن. که بعد موسی چپتر نامبر یا شماره را نوشت. یمرتبه جاشوا کارشو خوب انجام نمیداد سر معمار جاشوا را تنبه کرد که موسی دید و درگیر شد و موسی ادم و سر معمار را کشت. این باعث شد پادشاه یا فرعون موسی را محاکمه کنه و رمزی موسی را به صحرا راهی کرد. موسی بعد از راه پیمای و سختی کشیدن به روستای رسید که اب بود و کشاورزی که 7 تا دختر داشت و موسی با دخترها دوستی کرد و با خواهر بزرگه ازدواج کرد . و موسی هنوز بفکر قصر و پادشاهی بود و دوست دختر های قدیمی و مردم فقیر یا هم شهری های خودش که می خواست کمک کنه و اون با مردم فقیر شیر شد و اونها که برده میشن مزد بهتری بگیرن و رمزی برادر نا تنی ناراحت شده و رفت با لشگر اونها را از کشور خارج کنه و موسی از جز و مد خبر داشت چه روزی میشه و بین تنگه موسی عسا را به زمین زد و سریع مردمش را رد کرد که اب پائین امده بود وجز و مد بود.البته هالیود انها را بزرگ کرده بود و مثل جعود خون دیده مسائل را بزرگ میکنه. در فیلم ده فرمان که همه غلو بوده معجزهای موسی همه طبیعی و جیزی خارق العاده نبوده بوده.

و بعد از سالیان سال دین یهودی امد و موسی داستانهای زندگی اش را در تورات نوشت .

جیزوس یا عیسی کی بود؟ -

مریم مادر عیسی جوان زنی بود که خوشحال بود و دوست نداشت زیر دست مرد مثل دوستهای او و همسایه هایش که از شو هر کتک بخوره یا شو هرش با زنهای دیگه بخوابه و اون علاقه به تنهایی داشت و با خدای خودش باشه و یه روز همسایه نجار اون که اون فنتزی یا خواب اون را میدید و چیز اش تکان میخواند و فکر هم دیگه را میکردن و احتمالن استمناع هم کرده بودن . یه روز یوسف شراب اورد شام با مری یا مریم بخوره و هر دو مست کردن و وقتی بلند شدن نفهمیدن چه شده و یا خواستن بگن که اون یا مریم نخوابیده واون هنوز باکره است و حامله شده بود بدون ازدواج و شائعه کردن خدا اومده و اون بچه دار کرده و مسیح بدنیا امد . که فاندیشن دروغ و چیتنگ یا خیانت ازدواج تو فرهنگ مسیح ها هست و کمتر غیرتی میشن نسبت به دین های دیگه . مسیح بچه خوب و با هوشی بود و به خاطر علاقه مردم به مریم که همه را کمک میکرد تمام فکر مردم به این جوان بود و علاقه اونها با مردم ارتباط روحی با مردم ایجاد شد و مسیح روح قوی داشت که همسایه کور را با روح یا برق فکر اش که الکتریک ساکن است و این الکتریک باعث شد که اعصاب ضعف چشم کور جوش بخوره و یا مرده یا بی هوش را زنده کنه. که تمام مجعزه های مسیح هم دلیل علمی دارد.مرد کور همسایه مسیح بود که اون زن داشت و مسیح مجرد بود و و ارتباط مغزی با جیزوس و وقتی اون کور با زنش میخوابید مسیح متوجه میشد و استمنا کرده بود و مسیح توف تو چشم اون کوره انداخت که از جلق زدن با روح کور خسته شده بود و کور شوکه شد با این کار و اعصاب اش جوش خورد. مسیح با فامیل و خودش به مردم خیلی دروغ گفتن و دنیا را دوهزار سال علاف خودشان کردن و ما هر چی بگیم مردم از خر شیطان پائین نمیایند که سالیان سال گول خوردن. مسیح سر صلیب نمرد و شام اخرش واقعان شام اخر نبود که ایتالیایی ها یا رومی ها مردم را کیسه کنند و بیایند و نقاشی های داوینچی را ببینند و شام اخر اون را ببینند و پول تو شهر هایشان خرج کنند.

- محمد کی بود؟

محمد مردی بود از فقیر های عرب که دل رعوفی داشت و به فقیر ها کمک می کرد که به مدرسه نرفته و سواد یاد نگرفته بود همه فامیل او بت پرست بودن که تقوای او به خدای تخیلی او و مجستمه بودا اون علاقه داشت که برای معبد بت پرستی کار کنه و بعد از سالیان سال که اون از عتیقه جات محافظت می کرد اون را امین خواندن و تا سن 40 سالگی اون بت پرست بود که دین اسلام را اختراع کرد و همان روسوم بت پرستی را به اسم نماز دولا راست شدن را که مثل جلوی بت بود تعظیم کردن وغیره را رواج داد و به اسم خدا یا الاه درود به اسم اون بفرستن و لازم نباشه به معبد بیایند و پول یا غذا بیارن برای حکومت داران زمانه . اون با کمک علی دامادش قران را نوشت و روح سرگردانش فکر می کرد و وقایع زمان را می گفت که با جعود ها و مسیح ها خوب نبود و بر ضد انها در قران نوشته که مسائل شخصی اون هنوز مسلمانان با جعود و مسیحی ها و بت پرستها دوا دارن.

محمد فکر میکرد تمام دنیا خدای اون را قبول می کنند و اون خاتم نبی است و مثل اینکه فقط اون میفهمد اون منتالی یا روحی مریض روحی بود که همه را سالیان سال مریض کرده و اون مینیک بوده بود. اون طوری جمعیت را علاف حرفهای خودش کرده مثل 5 مرتبه نماز بخوان هر روز و اسم اون را صدا کن و صلوات به اسم اون بگو کاملن روح و جسم مردم را اون اسیر کرده و ازادی انسان را کاملن گرفته بود و هست. که بعنوان یه روانشناس من میگویم تمام کار مسلمانان روانی است که نسبت به مذهب ها ی دیگه اگستریم و زیادیست. حتی علی داماد اش فهمید که قران گرامر و دستور زبانش درست نیست خودش نهج البلاقه را مثل قران نوشت. که قران تمامان مسائل روز بوده و وحی و نازلات نبوده و بیشتر مسائل شخسی بوده و مثل این که حقوق اش را نمی دادند وقتی اون سرایدار خانه خدا بود و محمد زد همه مجستمه های بت را شکست و خودش همه را غبضه کرد.محمد بین سن 40 سالگی و 60 سالگی قران را نوشت و شیعیان از سن 40 سالگی اون تاریخ اسلامی گذاشتن و عربها از تاریخ تولد اش تاریخ اسلام را دارن که سال شمسی ایرانی سال 1395 هستیم و سال عربی سال 1435 هستیم امسال. و همینطور محمد از مکه به مدینه حجرت کرد و مسائل حج هم این بود که مردم مسافرت کنند و مسائلی که محمد دیده بود درک کنند و دور مکه بچرخند و قربون محمد بشن که اون اقتصاد و زندگی اونها را رونق داده بود.

پادشاهان کجا هستن -

قبل از اینکه مذهب بیاید پادشاها که کشاورزان و صنعت گر ها یی و یا سربازهایی بودن که چند نفری را می چرخاندن و بعد چنتا خانواده را میچرخاندن و بعد چنتا روستا و چنتا شهررا و بلاخره کشور را می چرخاندن که پادشاه اسم گرفتن و اینها دوستانی داشتند که روحی ویا ویچ یا جادوگر و یا سحر امیز که هم فکرپادشاه را میخواندن و هم اینکه فکر مردم و اطرافیان را میخوانند وهم فکر دربار را میخواندن و بعد این افراد را مردم روحانی خواندن و بعدا مذهبیان شدن که داستان و مذهب اختراع کردن و پادشاها را کنار گذاشتن و خودشان قدرت گرفتن و پادشاها که فقط قصر میساختن وبه فکر خودشان بودن دیگر حکومت نکنند و روحانیها و جادوگران به فقیر ها کمک میکرنند. و یه مردی که تو مردم دل کرده بود مثل جیزوس یا موسی یا محمد با کمک روحانیها و قانون نویسهای زمانه دنیا را عوض کردن و انقلابهایی روخ داد و قانونهای جدید نوشته شد که از پادشاهی به مذهب گرایی مردم رو اوردن که بخاطر زیاد شدن جمعیت و اقتصاد وجامعه هم بوده بود. مردم پادشاها را دیدن و فهمیدن مال دنیا و قصر و مادیات برای کسی وفا نداره و همه باید داشته باشن و دومبال ملا و کیشیش و ربای رفتن . ما می بینیم که مذهبی ها مقابله با سر حکومت داران هنوز میکنند. مذهبیون هنوز میخواهند حکومت را بدست بگیرند و هر کدام ادعای محمد یا جیزوس یا موسی یا سر دسته دیگر مذهبی می کنه.

پادشاهان معمولن از پدر به پسر ارث میبرند و بچه ولیعهد خوانده میشود. ما هنوز در دنیا میبنیم کینگ مثل انگلیس و یه زن یا یه مرد سرمایه را بالا می کشند به اسم پادشاه و قانون ها را عوض میکنند و قدرتها هنوز بوی دیکتاتوری میدهد و یه نفرمثل پادشاه و یا رئیس جمهور مردم را خر می پندارن که درست نیست و یه نفر خیلی مخوره ملیونها نفر از فقر میمیره که باید درست بهشه و تعادل مردم دنیا ایجاد بشه.

مهم این است که شاه و پادشاه وملکه و رییس مملکت و رییس و مانیجر میتواند مینیک یا خود بین باشه و احتمال جنایت بکنه و ریفرم و رای گیری و پست کوتا باشه و ترانسپرانتی و همه چیز ویدیو بشه در دنیای جدید.

مذهب از کجا امد؟

من سی سال مسلمانی میکردم و با دین اسلام از بچگی اشنا شدم و وقتی با زنم که امریکایی بود اشنا شدم برایم انجیل خرید و به دین مسیحی و یهودی اشنا شدم.با مردم مختلف با ادیان مختلف اشنا شدم مذاهب مختلف را شناختم و فهمیدم روح سرگشته انسان و این ندانستن که از کجا امده ایم و به کجا میرویم داستان ساز است و داستان هایی بافتن که همه حقیقت نداره و تخیلاتی بیش نیست. مسئله ادم و حوا و یا انفجار و برخورد سنگهای اسمانی فرضیه هایی هستندن که اثبات انها به علم بیشتر احتیاج داریم. ایا نیروی قویتری یا خدایی هست هنوز قابل بحث است و می توانیم داستان نویسی کنیم و مذهبهای جدید اختراع کنیم. که من به همه پیشنهاد میکنم که دنبال حرف های مفت نروید و علم یاد بگیرید که خود شناسی خدا شناسی است.

امام رضا کی بود؟

فردی بود که از ایتالیا امده بود ایران و با هارون رشید که حاکم خراسان بود دوست بود و پسر Razo امام رضا یا رزو زن کشاورز مشهوری بود و به خاطر اون حسابرسی حاکم را انجام میداد وچند زبان بلد بود و اون به فقیر ها هم کمک میکرد و ایرانیان خیلی اون را دوست داشتن و فارسی هم یاد گرفته بود و همه کارگران و کارمندان زیر دست او از رزو که رضا به او میگفتن راضی و دعا گو بودن که رزو مثل ما نیک بود تو دین مسیحیی واون دل رعوفی هم داشت و احتمالا مسیحی خیلی موتقدی بود .که قرن 12 میلادی اوج مسیحی ها بود با کلیسا ساختن در اروپا بود و زمان امام رضا بود که دین جدید اورد

در اول رضا سن کم داشت و هم اینکه بزرگ میشد هارون رشید می فهمید او گرایش به مردها داره و فقط دوست پسر داره و داشت افراد حکومت را اخوال می کرد و بر ضد هارون حرف می زنه. که یروز هارون رضا و دوست های اون را به خونش دعوت می کنه و همه را با کمک نوکر ها می کشد. و رزو را که اون (هارون) تنها کسی بود که می دانست عرب که انگلیسی بود زن Ann Gore یا انگور است زهر به انگور زد و اون را کشت و هم اینطور Ann Gore نیست و از فامیل حاکم عرب شده بود که احتمالا هارون با رضا انگلیسی صحبت میکرد یکی از زنها او انگلیسی بود و هارون از زن اش زبان از مادر خط E Mom یاد گرفته بود . ان گور گیاه انگور را به ایران اورده بود و ان گور مادر رضا احتمال داره باشه و امام یا

دین شیعه را اختراع کردن که اون انگلیسی بود. (Ann Gore) یا اون زن بود She Hey می گیره و شیعه لغت انگلیسیه که و بعد از چند سال که ایرانیان با عرب ها بد شده بودن قبر رضا را حرم کردن و جواهر های امام رضا را پیدا کرده و دور قبر اش گذاشتن که نشانه هم جنس باز یا کونی بودن رضا را میگوید و مرد یکه جواهر دست می کنه معمولان هم جنس باز است .و همین شد که هارون رشید اون را کشد

داستان من که برای رزو ی نقاش تو کوینگتون کنتاکی امریکا کار کردم و برادران رزو علم خودشان را به کسی یاد نمی دانند مرا به این اگاهی رساند که رضا اسم ایتالیایی است و یکی دیگه از خواص رضا یا رزو بودکه اونها کنس بودن و چیزی .به کسی یاد نمی دادن و این را می رساند و مشهدی ها به این فرهنگ معروف هستنند که کنس هستن

من موقع انقلاب فرهنگی رفتم چابهار برای شرکت ساختمانی کار کردم که تو مسابقه قیمت دادن برنده شده بود که پادگان مرزی بسازن . که اگهی نقشه بردار احتیاج داشتن و من قیمت پایین دادم که استخدام ام کردن و دوست خوبی پیدا کردم که مهندس ساختمان از انگلیس بود که هنوز با او دوستم و تو کانادا زندگی میکنه و سال 1360یا 1361 بود که 1980میلادی میشه و رفتم که الان با خواطرات و گردش Jackie Gore با کامین راه شهر زابل و از انجا به شهر ایران شهر و جکی گور و اسم داهات بود را زن انگلیسی razo دنیا و جکی ها به جنوب مهارجت کردن و شوهرشان را کشته بودن و یا نقشه کشتن امام رضا و یا رزو نقشه کشیده بود قابل جستجو است و شاید توی جواهر ها و اثار تاریخی اثبات بشه و امام رضا شاید جکی اون اطمینان نداشت و هارون و رشید با کمک جکی گور که مسیحی بود و با مسامانان زندگی می کرد نقشه قتل امام رضا را مثل کندی و جانسون و هور که اف بی ای بود کشتن. جکی گرین سگرتری فینیکس یونورسیتی و جف گرین و مسیحی های دو اتیشه وجانسون انگلیسی با گشتاپو و اسکاتلند نقشه قتل ما را با دراگ یا دوا و دیلیر تمام کنن که از حسادت اونها کنار پرنس اندرو حکمت بکنن . و با نابودی من اونا بیشتر حکمت بکنن

شیعه از کجا امد؟ -

بود. رضا با محبوبیت فقیر ها از اون و رزو و علم (ANN GORE)مبدائ دین شیعه ها که مادر امام رضا یا ان گور زمانه اون به حساب وکتاب و زبان و نوشتن باعث دین شیعه و امام

که مام و از مادرش یاد بگیره و رهبر شد. امام رضا که در حدود قرن 12 میلادی وقرن هفتم اسلامی بود (E- MOM) زندگی میکرد. اون در زمان خودش رضا برای خرید اش پول یا سکه استفاده می کرد و مطابق زمان بود که مردم به اون لقب که حسن کون ((HASSAN ASS GARY) امام زمان را دادن. بعد ها انگلیس ها امام کم اوردن که اسم امام حسن عسگری گری است که اسم انگلیسیه گری. که امام یازدهم شیعیانه گفتن ویا امام دوازده که غایب بود و بعد تو تاریخ صفوی و قاجار به پنی یا سکه یه قرانی را اوردن که المانها چاپ خانه را اختراع کردن و سواد به بچه ها شیعه 12 امامی و قران را چاپ کردن و مردم را سرگرم دین کردن و با داستانهایی که سرهم کردن انگلیسی ها و ایتالیا ها نوشته بودن و دین شیعه هیچ ریشه تاریخی نداره به جز امام رضا که گفتم یا رزو کسی دیگه نبود و دوازده تا امام حقیقت نداره. اینگلیسیها و المانها و ایتالیایی ها چاپ خانه را اختراع کردن و کتابها ی فارسی را هم نوشتن و سواد و مدرسه را به ایرانی ها یاد دادن و همینطور تاریخ ایرانی ها و دین شیعه را نوشتن و به شهر های مختلف فرستادن که فرهنگ را دیکته کردن که همه با کم سوادی و اموزش و پرورش را کم سواد های انگلیسی ایتالیایی و المانی نوشتن.

در ادامه دین شیعه و دیادر ساید ایران سو هان امد

مشتری امروز من بود که کاشی پشت کبینت برایش باید نسب کنیم و انگلیسی که 7 قرن پیش با ایرانی sue Hahn سوهان کاشونی ویا قمی ازدواج کرده بود و دختر بدنیا اورده بود و 7 قرن پیش داستانی بود که اتفاق افتاده بود . سو دختر مریضی داشت که زوکیمیا داشت و سن 12و یا 14 سالگی مرد و مادرش پول داشت با کمک اخوندا که نوکر ها بودن مقبره ساختن و ایرانی ها ان دختر را حضرت معصومه گوفتن و یا مثل فیلم نه بدون دخترم که سلی فیلد هنرپیشه است که در فیلم با مرد ایرانی ازدواج کرده بود و دخترش را نیمیخواست تنها بگذاره 7 قرن پیش اتفاق افتاده بود که سوهان قم را اختر ع کرده بود و مرقد دخترش را تو قم ساخت بعد گفتن که معصومه و بی کناه که دختر بچه خوشگلی بود که پدرش ویا فامیل او که او بی گناه بود کشتن اون را که همه دوا ها بخواطر او بود و همه اون می خواستن و سوهان قم را ساخت و انگلیسی بود و نه فارسی مینوشتن و نه انگلیسی بود و کاغذ فارسی نمره 20 یا الف گرفته بود با مادرش و امام و A که ا مام که نمره اش a mom و فقط سوهان اسم مادر و بعد شیعه نقش کشید و امام زاده شد و قم مرکز مولا شد و یا پول توریستی که سوهان سوقاتی ببران و پول خرج کنن.

شعیه چیه؟

چرا سن علی یا ابوبکر مسئله ساز شد و سنی یا سن -علی کم بود برای رهبری.

همانطور که که در قسمت شیعه گوفتم محمد مریض روحی بود مثل دیگر رهبر های مذهبی. واون نمی توانست ببینه بعد

از خودش هم باز هست و بعد از خودش توی غدیر کسی را مشخس نکرد و بعضی می گویند اون علی را گفت بعضی میگویند ابوبکر و عمر و عثمان که سن شان از علی بیشتر بود و مسئله سن یا سنی ایجاد شد بود. و سنی ها میگویند ابوبکر عموی محمد که محمد را بزرگ کرده بود بیشتر دمبال اسلام دین نو را بگیره و شیعیان علی را گوفتن که البته بعد از چند قرن نقش گرفت و عید غدیر شد و سنت اسلام شد. و سنی ها دست روی شکم میگذارن که احتمالن ابوبکر کلیه اش درد می کرده و دست اش روی شکم بوده که رسم شده بود بعد از اون همه که نماز می خوانند دست روی سینه میگذارند.

مسیحی کیه؟ -

مثل هم انیکه همه کور کورانه راه را دنبال می کنند و کتاب ها را درست نمی خوانند انجیل همه را واضح نوشته ولی هنوز عوضی میفهمند . این انجیل نوشته که مسیح را میخ کردن به صلیب و باران وتوفان امد و سرباز ها رفتن خونه و مادر و دوستان مسیح جیزوس را پائین اوردن و تو قبرستان گذاشتن و در قبر و بستن و رفتن خانه و فردا که امدن در سنگ قبر باز بود و مسیح نبود و حتی دو نفر دیدن که مسیح با دست سوراخ که همه را تو انجیل نوشته و حالا میگویند رفته اسمان و خودشان و بچه ها را گول می زنند. و کسی دستش یا پاش سوراخ بشه نمی میره. مسیح ها تو فرهنگ شان به بچه ها دروغ می گند مثل پاپا نوال و یا سنتا کلاز و هدیه اوردن اون از اسمان و شومینه و عید کریسمس و یا بچه چجوری درست میشه همه دروغ است تو فرهنگ مسیحی . از شام اخرمسیح البته شام اخر او نبود و مسیح سالیان سال زندگی کرد و انجیل را نوشتن و سال نو اوردن و دوهزار سال مردم دور خودشان را با دروغ چرخواندن .

کتولیک چی میگه؟ -

در اوایل انجیل از مسیح مردی پرسید مسیح اگر مرد تنها بمانه بهتره یا ازدواج کنه بهتره و مسیح فقط 32 سالش بود و جواب داد اگه ادم تنها بماند بهتره و اون که مصاحبه می کرد دین کتولیک را اختراع کرد و پریست یا کشیش زن نمی گیره و نان یا خواهر روحانی ازدواج نمی کنه و جیزوس یا مسیح فقط 32 سال داشت و نه ازدواج کرده بود و نه بچه داشت نه تجربه درست و حسابی و جواب غلط داد و دنیا را به اشتباه برد.

- سنت پتریک کیه؟

سنت پتریک هم یک ملای ایریشی است که ازدواج نکرد و با خواهرهای روحانی مذهب مسیحی را رواج می داد و به فقیر ها کمک میکرد و محبوبیت گرفت و علامت گل شب نم را انتخاب کرد که به انگلیسی شب نم میشه شمع راک و خواهرها شمع استفاده می کردن و مرد ها خیس شب میشدن و مردم بدبخت مجانی کار میکردن و روحشانرا ارزائ می کردن . گل شب نم که سمبل دین کتولیک است و یا گل نازی که سمبل صلیب شکسته و گرافیک گل نازی است و هیتلر اون سمبل را برای ملیت گرایی و تبعیض نزادی بود . که از مذهب قدیمی هندی ها هیتلر گرفته بود. هندی ها فرهنگ و نزاد و کشور خودشان را بهترین میدانند و نازی یا فاشیسم هم ریس خودش را بهترین میدانند. صلیب شکسته یا سواستیکا که گرفیک گل نازی است در اصل هماهنگ ویا مثل گل شب نم یا شم راک از یک جا پیام میاورد که می خواهن حکومت کنن.

- بهاهی و جهوا وتنس چی میگن؟

البته من به بهایهایی ها و جهوا ویتنس حق میدهم که تا چقدر صبر میخواهند مسیحی ها و مسلمانان شیعه تا امام زمان انها و یا جیزوس ضحور بکنه 2000 سال هنوز کمه . بالاخره امامشان ضحو کرد وامامشان پیدا بشه و بلاخره انها اقای بهایی و مستر اسمیت را پیدا کردن و دین خودشان را خاتمه بدهن. که البته باعث دین جدید شدو همان خر تو خر.

- سینتا لوژی یه دین دیگه؟

یه دین علمی است با بیس یا پی یا اساس علمی برای ناشناخته ها و بینگ بنگ تئوری بجای ادم و حوا و چیز هایی نو که با عقل بیشتر جور میاید و چرا مذهب دیگه و بار دیگه سوال است و سنتالوزی دین بشه و جمعیت دیگه جمع کنه و مردم بیشتر کانفیوز یا قاطی میکنند و حکومت دارن بیشتر سر کارباشن و باز خر تو خر بشه.

- جعود کیه؟ ده تا قانون چیه؟

جعود یا همانطور که گفتم موسی که مسائل را بزرگ میکردن مثل جعود خون دیده و مسیح را مرده پنداشتنند و بزرگ کرد و انجیل را جعود ها بزرگ کردن و نوشتن وفیلم های ده فرمان و با غلو ها ساختن فیلم مثل اب در فیلم که کنار میره و راه وسط دریا ایجاد می کنه و یا فیلم های دیگه هالیود که اکثران کارگردانان انها جعود هستن و چیز هایی میگن که همه می دانند غلو هایی بیش نیست و می خواهند به اسم خودشان باشه مثل ده کومند و همه می دانندانسانیت را مثل نباید کشت و یا دزدی کرد و میچسبانند به درب مدرسه و میگویند فقط ما میگیم و نزاد پرستی را میرساند. و بطور کلی همه از بچه کی یاد می گیرن که دروغ نگن و ادم نکشن و با زن دیگری مردم نخوابندچیزی یه که همه از بچه گی میدانند . همینطور می گویند هیتلر 6 ملیون جعود را

کشته که این رقم اگه 60 هزارو یا 600 هزار نفر باشه شاید درست باشه و غلو می کنند.

- تکبر و افاده چیه؟

تو هر خانواده و جامعه ایی از مادر و پدر بچه ها یاد میگیرن به بعضی چیزها و بعضی افراد تکبر و افاده نشان بدهن و بیشتر بخاطر نشناختن اون چیزها است. مثل غذا و یا مردم است که و قتی شناخته بشه و مزه کنند بیشتر خوششان میایند. و افکار مردم باید طوری باشه که ما همه چیز را شناخته باشیم و نسبت به همه چیز شناخته باشیم . تکبر معملان علم کم است و تجربه کم.

- روانشناسی چیه؟

علم روانشناسی جوان است و هنوز خیلی چیز ها ناشناخته است مثل برق بدن و امواج رادیویی مغز و هنوز ماشینی ساخته نشده که انسان ها با هم صحبت بکنن بدون تلفن وبتوانند فکر را بخواند. این چیزها را که میگم دیوانه وار نباشه و علم مطمعنن تکنولوژی ما را به انجا میکشد. همان طور که در کتاب ام راجع به حس ها نوشتم و یاد گیری غلط ما سالیان سال ما به این نتیجه میرسیم که ما خودمان را نمیشناسیم و علم روانشناسی خیلی نو است. ما باید کشف های جدید بکنیم . من کتاب دیگری دارم که احتمالن چاپ میشه که اگه پول داشته باشم اون چاپ میکنم و اسم اون کتاب (((lifespan from early childhood to late adulthood base on human have 9 senses.) من خواندن اون را به همه شما تجویز میکنم. و من راجع به مسائلی . صحبت کردم که علم روانشناسی را باز میکنه.

کتاب من legal concept of the law and human behavior senses

Human psychology base on human has 9 senses.

- ریس چیه؟

نژادپرستی رو نفهمی افراد است و انسانها همه یکسان هستند و همه ما مثل دیگر حیوانها هستیم که انسانها هم از خودشان شکار نمیکنندو همدیگه را نمیکشند ویا نمی خورند.

انسان ها ادب دارن و فرق بین انسان و حیوان ادب است و فرهنگ است و علم و تفکر خوب با صلح و ارامش و کار برای زندگی خوب است. و رنگ پوست به اب و هوای منطقه دارد و بعضی جا ها افتاب شدید داره که پوست بعضی ها دارگ یا پر رنگتره و همه ادم ها یه جور می فهمند و نیاز ها یکی است.

- کرابپشن یا دوزدی مردم وسیاست مداران و حکومت چیه؟

ما می بینیم کشورهایی و اشخاصی کارهای زیر میزی صورت میگیره که باعث خرابی قانون و خرابی مملکت میشه که سیستم خوب جلوی این کارها را میگیره. و با قانون میشه مردم را روشن کرد و خلاف کار را مجازات کرد.

vangoh

he was enocent man grow poor with his family he was not businesman he was trying to give every one his painting his brother take a adventage of him he knowes he is good painetr and he can sell him painting good but i think he took adventage of him and during his child hold he play with him and his brother help him for food and rent he never mention this . he keep it seceret beteewn his self and his brother . he has a mental issue because of led or iron he was mentally sick and he has no control of his behaviores and always his brother help him . he has secteret love with his brother . until he was in love with on prastetot in france name reachel or Gabi and every time he goes in the club house to sleep with prostetot he chose the same lady and he has motional connection with that lady or Gabi and that prostetot has a feeling for van goh too. one time he was cheating of his love of prostetot van goh chose other lady than reachel or gabi. also van gh said some times you don't care you sleeping with a lot of meni don't say any things . why i can sleep with a lot of women. gabi, was upset , she saw van goh with other lady she was ubset and next time prostatot or gabi cut his ear . Gabi that time was only 16 years old and still that time was not aginst the laws , also gabi like her job and she don't like it to lose it and pemp watching him and plan for next time and knife plan above the bed and as soon as he has high emotion in the sex pemp the teach him to cut his ear and when he kick him out and they said if you say to police we kill you he saw the blood and he was so afrid he keep it secret what he has a sex with him. this story is like a story was in severl years ago new was in all united state , Renate Bobet few years a go happend in usa in virginia she took the knife was in the bed desk during having sex , she cut her husband pinece out thow out of the window , because she saw it because he saw he was cheating and he was meane she cut the his pinece of her husband in in vangh case gabi cut his ear and because van goh he saw him self as a guilty of sine he was eqnoring to report it to police that time and whole club prostotation talking what was realy happend and he was not making money for his rent he kill him self he was in suituration look like it all futur was close door every where he goes there was in tv inerview the gabi parestote with her grandkids they trying the hide face because her job before she died on 1952 but she has a sex with vangoh in 1888 , she was only 16 years old that was the calcualaton of her age

.

قانون و فرهنگ. -

قانون و قانون اساسی برای دنیا باید نوشته بشه و روانشناسی اساسش برای 9 حس انسانها. ازادی کلام و نوشتن و گفتار وازادی خوردن و لباس پوشیدن وازادی انتخاب هر کی و هر چیز وازادی مذهب و افکارو ازادی ضغد جننین و ازادی سکس

وازادی مغازه دازی و بیزینس و نوشتن و خواندن باید اساس هر قانونی باشه و هر فرهنگی اساس ازادی را فراهم کنه و دنیا با قانون ازادی و ارامش و حفاضت مردم را فراهم کنه .

- نقش زن چیه؟

زن مکمل مرد است و با زن و مرد که خانواده درست میشه. ما می خواهم بروم به مسئله 9 تا حس و خودمان را بهتر بشناسیم و زنان نصف جمعیت دنیا بزرگ ترین نقش را در دنیا دارن بخصوص در تربیت

بچه ها یمان زنان بیشترین سهم را دارن.

- نقش مرد چیه؟

مرد اونه که بارش به دوش کسی نباشه و کمک به همه بکنه.

. مرد مکمل زن است و خود شناسی را با حواس 9 گانه تجویز می کنم

نژاد پرستی چیه؟ -

می بینم که بعضی نژاد ها به خاطر منطقه سبز و زمین خوب و غذای زیاد به بعضی که هوای گرم دارن و یا زمین شور فخر می فروشن و نژاد پرست شدن و خودشان را باهوش تر می پندارند که همه از رو ابلهی است و غذا و منابع زمین باید به همجا پخش بشه و همه غذا داشته باشن و سقف روی سر شان که کسی نژاد پرست نشه.

همه انسانها یکسان هستن و همه 9 تا حس دارن و خواهش من این است که تکبر نداشته باشیم و ازار مان به کسی نرسه و اقتصاد دنیا برای هر کسی سقف حقوق معین کنه و ایکول پی و

cap economy . ایکول اپورچونیتی. کتاب من بخوانید

جامعه شناسی چیه؟ -

علم جامعه شناسی باید به علم دنیا شناسی تبدیل بشه و جامعه ها باید دنیا را بشناسند و دنیا را حفظ بکنند. هیچ کشوری نمی تواند دیگران را تحدید کنند و حکومت دنیا باید جلوی هر خوشونتی را بگیره. صلح اساس دنیا است و جلوی هر استبدادی دنیا می ایستید. هر عید و تفریحی به یادگار می ماند و موزه و هنر تشویق میشود. جامعه شناسی اساس روانشناسی 9 تا حسها ی انسانها است و ازادی اساس کارهاست .

پلیس کیه؟ -

برای داشتن ازادی ما به قانون احتیاج داریم و جامعه و دنیا پلیس لازم داریم که کسی جلوی ازادی ما را نگیره و انسانها خلاف نکنند و پلیس این کار را که اساس ازادی است فراهم میکند.

ارتش چیه؟ -

ما در دنیای نو به ارتش زیادی احتیاج نداریم و ارتش ما کشاورزی و ساختمان سازی است. ما احتیاج داریم و باید یاد بدهیم به ارتشی از کشاورزی بسازیم که غذای همه را تهیه بشه و خونه همه را بسازه .

جریان انگور چیه بود؟ -

خانم ان گور یا انگور که درخت انگور را به شرق اورد زنی بود

.که با ایرانی ویا عرب ازدواج کرده بود

Ann Gore

.کشاورزها چه نقشی در مذهب و قانون داشتند ودارند -

تهیه غذا و از زمستان و گرمای تابستان خود را و مردم را غذا دادن مثل خدا مردم را نجات دادن است و بیشتر کشاورزها .به مردم غذا می دادنند مذهب و تقوا را اوردن و همه سیر بشن و زندگی را ادامه بدهن

من از دست کشاورزها در این زمانه خسته شدم که تو هر کاری دخالت میکنند بخصوص اجوکشن و یا به فرهنگ واموزش و پرورش و درس بچه ها که من این کار را به تحصیل کردها می دهم و دوست دارم حتی کشاورزی مثل ارتش بشه و دولت ها موظف به غذای مردم بشن ومردم دئن به کسی را نداشته باشیم . اگه کشاورزی ما انترنشنال بشه که هیچکس کشنه نباشه هدف باشه دنیای بهتری داریم. و بجای تانک ماشینهای کشاورزی بسازیم و مهندس کشاورز حقوق از دولتها بگیرند. و علم کشاورزی .را گسترش بدهندو کارکشاورزی دولتی بشه بهتره

.تارچه طوری گی تارشد -

برای کونی ها بود که گی تار Gay tar و یا گی تار Gitarتار یک دستگاه موسیقی است که از گی تار قدیمی تر است و را اختراع کردن. و شاید موسیقی مرد و یا زن را شل میکنه قابل سوال است. و غذای روح باعث روح ضعیف بشه و چه جور .موسیقی میتواند انسان ساز باشه و مسائل روحی را برطرف بکنه قابل سوائل است

عید چه جوری نقش گرفت؟ -

از زمان های قدیم برای هر نعمتی که خوب بود مردم جشن می گرفتن که اسم عید و سال نو گرفت و هر سال در همان .روز تکرار میشه. بعضی اوقات از رهبری و از دوست داشتن شخصی بوده مثل پیغنبرها و یا رهبرهای سیاسی عید درست شد

- شماره یا نمره بازی چیه؟

هر مردمی خواطرات خودشان را با شماره یاد اش میاید و مثل تاریخ تولد و یا حقوقشان و روز بد و یا خوب شماره روز یا ماه وخاطرات خوب و بد وهیچ اشکالی نداره با شماره بازی کرد. خواطرات و با شماره بازی کردن اشکال نداره و فقط مسائل اصلی را کسی از دست ندهد و قمار با زندگی خودش و دیگران نکنه.

- سیاست از کجا امد؟

علم سیاست و یا مردم را سیاه کردن و تاریک کردن و یا خر کردن مردم است و پلوتیک و بازی عربی با اسب و بال و عسا و به ایرانی و هندی پلو یا رایس یا ریس است و برنج یا به رنج که تفرقه بینداز به رنج و حکومت کن. همینطور عسا و یا عیسی چوب پلو بازی است و رابطه ئ ها را میرساند. و ریشه لغت سیاست به عربی و فارسی و انگلیسی مفهومی می دهد.

- دمکرات چیه؟

دمکرات م کره خر یه علم سیاست است که مردم را خر کنه. و یا مردم سیا کنه.

یه داستان قدیمی انگلیسی دارم که دمکراتیک اختراع پادشاه انگلیسی بود . یه پادشاه مثل رچارد و یا جورج هر صبح بلند میشود از وزیر میپرسید هوا چه طور است و وزیر می گفت هوا خوب است پادشاه می گفت بریم شکار و هوا خوب بود رفتن شکار . همه سرباز و موترب راه افتادن و تو راه یه دفه یه خر امد جلوی اسب شاه و اسب رام کرد و شاه افتاد زمین و شاه اعصبانی شد گفت این خر کیه بیارین سرش را بزانن و گفتن تعلغ به اون داهاتی است و شاه گفت سرش را بزانید . داهاتییه گریه کرد شاه برای عف و شاه گفت بگو هوا چطوره . نمی کشمد و داهاتی نگاهی به اطراف کرد . داهاتی گفت اللان توفان می شه . شاه اعصبانی شد و گفت بکشید اون را باز دزوغ میگه . هوا بود ارام. به محض این که می خواستن او را بکشن توفان شد و شاه دید مرد داهاتیه خیلی میفهمد و گفت نکشید و میبریم به کاخ اون را وزیر میکنیم و دهاتی وزیر شد . همه خوابیدن و فردای روز شاه پرسید دباره هوا چطور است . وزیر که دهاتی دیروز بود گفت نمیدونم هوا چطوره . شاه گفت دیروز گفتی توفان میشه و شد و امروز نمیدونی . وزیر داهاتی گفت دیروز من خرم را دیدم دم اش لای پای اش است فهمیدم توفان می شه . و پادشاه خر را وزیر کرد . این نشانه این است که پادشاهها انسانها را از خر کمتر میفهمند و امروزه وضع هوا را دوباره از کی باید به پرس سیوال انگیس است .

-

- جمهوری خاهان کی هستن؟

. بزرگ ترین حیوان روی زمین

وقتی مردم از یه نفر که اسمش شاه و یا کینگ است خسته میشن و نمی توانند ثروت اون را ببینند خواهان جمهوری میشن که هر چهار سال مفت خور را عوض بکنند.

- کمونیست چیه؟

معمولان مردم چشم ندارن کسی از اونها که مثل خر کار می کنند بیشتر حقوق بگیره و کارمعمولان کاره و همه مساوی حقوق بگیرن کمونیسته و به هیچ دین ایمانی هم اعتقاد نداشته باشیم ما می توانیم اونها را کمونیست بگیم.

- هندو و بودا چی میگن؟

یکی از مذهب های قدیمی که کسی پدرش را بعد از مردنش مجستمه ساخته و همه بچه های اون بخاطر ثروت پدر اون و وصیعت ها و پندهای اون را قدر دارند وبت پرست شدن. بعد بودا که نصیحتهای خوبی گفته بود خدا شدو جمعیتهایی را رهبری کرد.

چرا سیاست نه مذ هب؟ -

سیاست دروغ گویی را اعلانن میگوید بدون شرمندگی و با پرویی و هیچ رحمی ندارد و حتی می کشند و یا جنگ راه میندازد که خودشان حکومت کنند و مذهب دل رعوفی مردم را استفاده میکنه و از را نقطه ضعف مردم یا دل نازکی مردم مردم را گول می زنه و هر دوتا غلط هستن و همینطور سر رهبری جنگ و کشتار می کنه و تو تاریخ می بینیم که چه جنایت هایی

سیاستمداران و مذهبیون کردن که روی هیتلر را سفید کردن. نه دین خوبه و نه سیاست و ما باید ازادی داشته باشیم وبا از ادهگی زندگی به کننیم.

- مدیریت مردم چه طوری نقش گرفت.

یه روانشناس یا روحانی که فکر مردم را می خواند و همینطور خوب صحبت می کنه می تواند مردم را خر کنه و به کار بکشه و زبان یا حرف زدن که فقط یک حس انسان است قبلا مدیریت می کرد که با ید عوض بشه و مدیر خوب همه حس های اون کار میکنه ونه زبانش فقط.

- قانون چیه؟

قانون ها همه باید نوبشه و بر اساس 9 تا حس نوشته بشه با در نظر داشتن دنیا و ازادی و صلح و ثروت برای همه.

- انقلابها چطوری رخ کرد.

ما باید بفهمیم که ما رهبر و پیغمبر هستیم و دیگه رئیس جمهور و یا رهبری احتیاج نداریم و همه ما همه رهبر و پیغمبریم و انقلاب در داخل ما انجام شده . ما باید قانون اساسی دنیا را بنویسیم و همه کارگر هم دیگه هستیم و حقوق بگیر بسته به تجربه و درس خواندن و وارد بودن به کارزندگی را با ازادی و صلح سپری می کنیم .

- قتل های روی تاریخ و اورگنیاز کرایم.

قتل کندی به وسیله زنش و جانسون وایس رئیس جمهور و کشتن مارلین مارلو که همه اوگاناز است و چنتایی مردم را خر کردن و قاتل کندی را تو صندق عقب ماشین بود در روز قتل اش و همه نقشه ریخته بودن قتلی بکنند به خاطر رفتار کندی و زن بازی اون. یا او جه سمسون و زنش و سر بریدن انها یا ویتنام که همه از نفهمی جانسون و خریت اون بود را می رسونه و امریکا را عزا دار کردن بخاطر ایگوی مثل جانسونها و اینها از خریت های تاریخ است.

کونی یا گی زن یا مرد چیه؟ -

وقتی ما بفهمیم که ما 9 تا حس داریم و به بچه هایمان همه حس ها را یاد بدهیم ما دیگه کونی و هم جنس باز نداریم و مسائل جنسی حل می شه.

مریض روحی چه چوری میشه؟ -

اگه ما نتوانیم تمام حس ها را ارضا بکنیم که ما 9 تا حس داریم مسائل روانی حل میشه و با یاد گیری حس ها از بچگی تا اخر عمر ما تمام مریضی های روحی را حل می کنیم.

حسها ادم چنتاس؟ -

گفتم انسان ها بر چیز های قدیم که اشتباه legal concept of law and human behavior senses همانطور که در کتابم یاد گرفتینند که انسان 5 تا حس دارد که در صورتی انسان ها 9 تا حس دارن و هر سوراخی که تو بدن انسان است ارتباطی با حس ها دارد مثل سوراخ گوش و حس شنوایی و سوراخ دماغ و حس بویایی یا سوراخ چشم و حس بینایی وسوراخ جلو

یا حس نزدیکی کردن و سوراخ عقب یا سوراخ کون که میشه اون را حس دفع نامید و این حس اگه نباشه ما از sexuality غذا لذت نمی بریم و همینطور یه حس دیگه که حس گویایی است و ما با گوشها میشنویم و با دهن و زبان و ویس باکس میتوانیم صحبت بکونیم و این حس گویایی مهم ترین حس برای مصاحبه و کار پیدا کردن است. معمولن مسائل سکس این جامعه خیلی مسئله ساز است و با یاد دادن حس ها ی اضافه به بچه ها از بچگی یاد میگیرن که حس ها چینند و دیگه کونی و مسائل جنسی .مسئله ساز نمی شه. و این مسئله و انسان 9 تا حس دارد انقلاب روانشناسی است

مامله چجوری بکنیم ؟ -

کامینیکشن و حرف زدن خوب و یا نوشتن خوب و یا بازی خوب منجر به مامله خوب میشه . ما باید تمام حس ها را تقویت .کنیم و مامله بهتر بکنیم

فرهنگ چیه؟ -

برای دنیا ما باید فرهنگی و یا ولیو و یا اداب خوب بنویسیم که همه اون اداب خوب را انجام بدهند و مثل فرهنگ خوب برای دنیا بشه مثل رفتار با دوست و همسایه و سر کار. با زن و شوهر و بچه و جامعه و دنیا.

- همسایه خوب کیه؟

ما باید سالی دو بار خونه همسایه برویم و سر سال نو و سر پائیز و اونها را دوست داشته باشیم و غذا ببریم برای هم دیگه و کمک مالی و فکری بکنیم.

- فروشنده خوب کیه؟

اون که جنس اش را خوب بشناسه و دروغ نگه و کمک باشه فروشنده خوبه.

- مهندس کیه؟

اطلاع علمی و عملی به چیز ها داشته باشه و هر کاری را بتواند سر هم کنه مهندس است و باید کلاس رفته باشه و مدرکی داشته باشه.

- دکتر کیه؟

اون که افراد و یا حیوانها را مداوا کنه و از مسائل جسمی و روحی مطلع باشه و کلاس رفته و مدرکی داره.

غذای خوب چیه؟ -

.غذای خوب چیزه ایه که حال ما را خراب نکنه و لذت ببریم و هیچ محدودیتی نیست و ازادی هست با قانون سیف

با تکنولوزی کجا میرویم -

ما باید مخترعین و کاشف ها را تقدیر کنیم و علم و درس خواندن را همیشه تجویز کنیم . با علم ما خودمان را و اطرافمان را می شناسیم و خدا را در نهایت پیدا می کنیم.

.اختراعات به کجا میبره ما را -

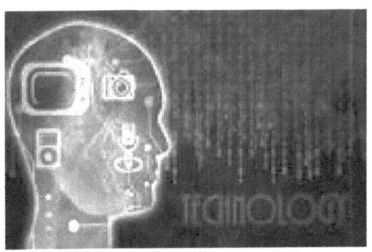

باید تمام مخترعین را کمک کرد و سرمایه به مخترعین داد که مسائل را برای انسانها راحت تر بکنند و راه و حل مسائل مالی و اسایش مردم را اختراع به کنند .

- هنرمند کیه؟

هنرمند کسی است که مردم را خوشحال می کنه و ما باید همه هنرمندان را تشویق و کمک مالی و فکری بکنیم.

- موسیقی چه حالی میده؟

موسیقی دان و موسیقی باز هم مثل دیگر هنرمندان هستند که روح را نوازش می کنه و ما همه را تشویق به یاد گیری می کنیم و هر کمک مالی و فکری هم حق شان است.

- اقتصاد چیه؟

. اقتصاد به چرخش داد و ستد است و تشویق مردم به خرید و فروش اقتصاد را می چرخواند

- کپ اقتصاد. اقتصادی که هر کسی حقوق اش سقف داره و ملت با لا ترن و ضعفترن حقوق با اشخاصی که ملت انتخاب میکنن مشخص میشه این کتاب اینده من است . اقتصاد سقفی.

- خونه چه جوری میشه ساخت؟

ما باید از بچه گی به همه یاد بدهیم که چجوری نقشه بکشیم و ساختمان بسازیم و باید قسمتی از اموزش و پرورش ابتدایی و تا دبیرستان در درس هر روزه بچه ها باشه و عملی و تئوری همه بچه ها یمان یاد بگیرن خونه چه جوری بسازن.

- بیزینس چه جوری باز کرد؟

علاقه به رئیس خود بودن و از کار و حرفه خود پول دراوردن ارزوی همه است و شاید همه را در کارها شریک کرد و به نحوی همه در کارها شریک با شن و بازدهی بیشتر میشه و همه به نهوی شریک بیزینس باشن موفقیت است. از دانستن چه جوری حساب کتاب کرد و سود برد علمی و تجربه است که همه میتوانند یاد بگیرنند و بیزینس های بزرگ از کارمندان مثل صاحب کار استقبال کنه ومغازه های معمولان از پدر به پسر رسیده است و اختراعات موجب بیزنیس های خوب میشه. فکر خوب و تازه باعث پیشرفت مغازه و بیزینس میشه.

کار خوب چیه؟ -

هر کاری که مورد علاقه باشه کاری خوبیه و من به همه پیشنهاد میکنم هر دو سال کار جدید یاد بگیریم و همه هر کاری بلد باشن.

ارزش های خوب چیه؟ -

وقتی ما نیاز انسانها را فهمیدیم و میدانیم که احتیاج به اب و غذا و خونه و وسیله نقلیه و معنوعیات یا عشق ومحبت و علاقه به درس و کار خوب باعث علاقه به زندگی و ازادی و صلح میشه ما ارزشهای خوب داریم . وقتی همه سیر باشند و خونه و کار دارند خیلی مسائل حل میشه و اینها ارزشهای خوبه.

اقتصاد دنیا کجا میره ؟ -

اگه انسان حرس نزنه و همه فیض ببرنند ما جامعه خوبی داریم . اگر ثروت درست پخش بشه ما عقدیی و محکوم و قاتل نداریم و مریض روانی را هم مداوا میکنیم و اقتصاد خوب دل خوش میخواهد. زبان خوب و طرز خوب ماملە کردن کلید موفقیت است برای اقتصاد خوب. مکالمه خوب با کامپیوتر و تلفن و نامه و تکس و حرکت و هنر و کاردانی اقتصاد خوب داریم. راهنمایی و تعلیم درست و معلم خوب داشتن هم کلید دیگه اقتصاد خوبه.

اقتصاد سقفی کتاب اینده من را بخوانید.

- خدا را چطوری پیدا میشه کرد؟

باعلم و کشف چیزهای جدید و اختراع جدید ما میتوانیم خدا را پیدا کنیم و زمان مسائل را حل می کنند و همینطور خود شناسی خدا شناسی است. با ازادی علم و عمل و کشفیات نا شناخته و عاری از دین و مذهب وسیاست و خرافات ما می توانیم خدا را پیدا کنیم.

- از تو حرکت از خدا برکت.

ما اگه بشینیم و دست روی دست بگذاریم هیچ کاری انجام نمی شه و باید حرکت کرد و جنبشی داشت تا موفق شویم.

- شکر خدا کردن نمت را زیاد میکنه و ما باید از چیز هایی که داریم از هم و برای خالق اش تشکر کنیم و اگه خدا را که هنوز پیدا نکردیم تو فکرمان تشکر کنیم وجدان را راحت کنیم و این خدا می تواند چیز تخیلی و نا شناخته باشه.

مجید خدابنده 2020

www.ingramcontent.com/pod-product-compliance
Lightning Source LLC
Chambersburg PA
CBHW061157030426
42337CB00002B/36
* 9 7 9 8 8 9 5 1 8 5 2 6 1 *